Laurenz Hildebrandt

So oder so – ist das Leben

AF286064

Laurenz Hildebrandt

So oder so – ist das Leben

Gedichte 2005 - 2007

Books on Demand

2009

© Laurenz Hildebrandt (2005-2007)

Alle Rechte vorbehalten, insbesondere des Nachdrucks, der Veröffentlichung im Internet, des öffentlichen Vortrages, der Übertragung durch Rundfunk und Fernsehen sowie der Übersetzung, auch einzelner Teile.

Titelbild: Katzenstadt auf Borneo

Herstellung und Verlag: Books on Demand GmbH, Norderstedt

ISBN 978-3-8391-0652-5

Inhalt

Ich danke allen hier genannten und ungenannten Menschen, die mich begleiteten, Impulse gaben, mich herausforderten, aufwühlten, mich inspirierten, die mich an die Mythen heranführten und mein Leben so tief und reich erleben lassen. Ohne sie wären die Gedichte nicht entstanden.

So oder so - ist das Leben

Ein anstrengender Spagat?
Eine Entscheidung zwischen zwei Wegen?
Ein Auseinanderbiegen von zwei Ästen?

Da sprichst Du laut und gar nicht leise
So wie auf diesem Baum die Meise:
"Ich bin keck und gut gelaunt -
Voll Abenteurlust!
Hat mir die Welt nicht zugeraunt:
'Es gibt gar keinen Frust!'

Alles wird mir Sprungbrett sein,
Ob Bäume, Pole oder Sonnenschein.
Mein Flug der Freude bringt mir Kraft,
Mein Mut ist's, der alles neu erschafft.
Ich bau' mein Nest in jedem Baum
Und fliege dennoch über jeden Raum.
Neugierig finde ich auf allen Wegen,
Was in mir ist! Das ist der Segen.

Da spiel' ich meines Lebens Melodie,
Ich singe und ich tanze sie.
Bin auf der Bühne großem Rund
Tu allen meine Größe kund.
Steh hinterm Vorhang leise
Und spiele eine sanfte Weise,
Die jenseits alle Größe liegt,
Darein sich meine Seele wiegt.

So bin ich wohl der große Bogen
Umspanne aller Wasser Wogen.
Bin Tor zum Horizont,
in dem ich stets gewohnt.
Bin der Steine allernächste Nähe,
ohne die ich keinen Bogen sähe.
Bin selbst mir Spiegelbild und Grund.
Und darum jedes Lebewesens Mund.

So schreite ich durch dieses Lebensjahr
Voll Liebe - und fürwahr:
Jede Begegnung bildet mir ein Herz.
Das ist die Wahrheit und kein Scherz."
Für Uschi

Geburtstag

Als das Königskind geboren,
Trat der große Rat zusammen
Und es wurden auserkoren
Vier der schönsten Feuerflammen.

Diese deckten ihren lichten Schein
Mit dem schönsten Federkleide ein.
Nur die Augen leuchten rund
Tun die Flammenkräfte kund.

Darauf eilten sie geschwind
In die Nacht bei wildem Wind,
Fliegend mit dem Sturm zu heulen
Vier der wunderschönsten Eulen.

Deckblatt des Eulenkalender von Petra Elsner

So traten sie zur Wiege hin,
betrachteten das schöne Kind,
Das spielend und mit frohem Sinn
Die weichen Eulen sah im Wind.

Da trat die erste Eule vor:
"Ich bringe dir das Feuer,
der inneren Erkenntnis Tor.
Es zähmt dir alle Ungeheuer
Und lässt dich Schöpfer sein.
Und meiner Augen lichter Schein,
Er wird Dir Wegeweiser sein."

Die Zweite sprach voll Größe:
"Ich bin dir Seelenführerin.
Ich öffne mich und zeige meine Blöße,
Bring' Herzensweisheit fürderhin:
Dann zeigt sich dir das *ganze* Rund.
Dies macht dich reif und ganz gesund.
Steigst du auf meine Schwingen,
kann ich von vielen Leben singen."

Da sprach die dritte Eule:
"Ich bin Dir wunderschöne Säule
Als Weisheit deines Leibes:
Spür' mit der Kraft des Weibes!
Ich ziehe dich zur Erde hin,
Ich hebe hoch in Lüfte dich.
Ich zeig' dir deines Lebens frohen Sinn
Und vergnüg' mich königlich."

Die Vierte hatte nun das Wort,
Doch lange war ihr Schweigen,
Sie blickte ruhig, und ihre Augen zeigen
Zu einem weit entfernten Ort.
"Deine tiefsten Wünsche bin ich.
Sie alle sind so königlich,
Bekannte und noch unbekannte,
Die dir deine Seele sandte.
Ich kenne deine Ängste, Schmerzen
Und jede Regung deines Herzens."

Ein warmer Blick weht zu dem Kind:
"Huuhuuu!
Ich bin Du!
Huuhuuu!
Bin alle Deine Geheimnisse im Wind,
Die du lüftest und dich lassen erbeben,
Wenn Du wagst, sie zu leben."

Beendet waren nun die Reden,
Ein leises Gurren füllt den Raum
Und spinnt der Worte Segen
Zu einem Lebenstraum.

Dann sprachen alle Vier:
"Wir kommen jedes Mal zu Dir,
Wenn dein Rufen zu uns dringt,
Und von deinen Wünschen singt.
Und wenn wir unvermittelt Dir erscheinen,
Dann hat's den Grund, dass wir uns ganz mit dir
                                    vereinen."

Mit diesen Worten verließen sie das Kind.
Es rauscht der Wald im sanften Wind.
Sie hielten stets ihr Wort:
Sie blieben da und waren niemals fort.

Spürst du die Eulen in der Nacht
Und hörst ihr Raunen sacht?
Hab' acht, hab' acht!
Das Herz erwacht
Und lacht und lacht!

Eulen heulen hoch vom Turm,
Künden Dir vom Lebens-Sturm,
Der Dein Herz durchdringt
Und so zärtlich schwingt.

Eulen heulen hoch vom Turm
Fenster gehen zu - Angst vorm Lebens-Sturm.
Ängstlich kauern Menschen vor sich hin,
Vor der großen Seelenführerin,
Die mit leisem Flügelschlag
Jede Grenze überschreiten mag.

Eulen heulen hoch vom Turm,
Bringen Dir den Liebes-Sturm,
Der Dein Herz durchdringt
Und dir jede Freiheit bringt.

Für Regina zum Geburtstag.

Ich bin ein Kind des Waldes

Meine Mutter war die Tanne,
Mein Vater die Fichte,
Meine Brüder waren Wichte -
So träumt' ich meine Geschichte.

Wenn der Sturm durch die Wipfel braust,
fühl' ich mich geborgen und zu Haus.
Es erzählen meine Eltern
Von den wunderschönen Wäldern.
Sie flüstern mir vom wilden Leben,
Das wird es bald da draußen geben!

Da spür' ich allen Sturm in mir,
Ein Wallen von tausenden Leben,
Sie knistern, drängen und sie weben ...
Und doch finde ich den Ausgang nicht!

So bin ich im Walde geblieben
Und gehöre nun zu den Dieben:
Ich tanze in der Stürme Wehen,
Und wünsch' so sehr, mich doch zu sehen
Im Tosen des wirklichen Lebens.
Mein Tanz im Wald, er scheint mir vergebens.

Nun sprech' ich die Sprache der Bäume,
Ich spüre das Wesen der Zwischenräume
Und spinne die Nadeln zu dichtem Gold,
Verbinde die Netze der Spinnen
Ganz fein, ganz lieblich und hold
Mit den Strahlen der Sonnen.
Und jede Stunde könnt' ich gewinnen
Des Reichtums herrliche Wonnen.

So häuf ich auf die güldenen Schätze
Und spreche immer wieder die Sätze:
"Ach wie gut dass niemand weiß,
Dass ich 'stolzes Männchen' heiß."
Ich blick in das spiegelnde Gold,
Es ist mir der Einsamkeit Sold,
Seh' mich dabei schrumpfen und altern
Seh' mich erlahmen, erkalten.
Doch keinem Menschen zeig' ich mich,
Noch verrat' ich die geheimen Namen:
Von mir und von dem Samen,
Der mich erschuf so königlich.

Würd' ich meiner Eltern Namen nennen,
Würde jeder mich erkennen.
Doch ich kann mich nicht mehr sehen,
Irgend etwas war vor langer Zeit geschehen.

Einst fühlte ich mich prächtig,
Reiche Kraft und großer Ruhm,
Geld und Kunst und Herrschertum
Und ich spürte alle Sinne mächtig.
Doch mein Herz, es schlug so kühl
Trotz des wilden Lebens Hochgefühl.

Auf dem Gipfel meiner Macht
Als auch mein Herz zum ersten Mal erwacht,
Da trat ein Meister bei mir ein:
"Zeit ist's, das Blatt zu wenden,
All' Deine Kraft den anderen zu spenden!
Dein Herz wirst du erst spüren,
und dahin werde ich dich führen,
Wenn du all dem Reichtum nun entsagst,
Und dich für alle andern plagst."

Doch in mir wollt' beides sein:
Kühnheit rief's und Opfergang!
Feuer, Wasser, Tränen und Gesang.
Ruhm für mich und Herzensschein.
Wie zwei Pole schieden sich
Meisters Worte und mein Ich.

Für die Wälder hab' ich mich entschieden,
hab' die Menschen und die Welt gemieden.
Weit entfernt von jedem Lebensschein,
Konnt' ich immer König sein.
Und alle meine Lebenskräfte,
Mein Glanz, mein Können, meine Säfte,
Sie nahm ich wie ein Dieb
In des Waldes Dunkelheit - und blieb.

Hier kann ich nun in Reinheit spinnen,
Und jeden Ruhm mir selbst gewinnen,
Kann an den höchsten Zielen weben,
ohne mich dem Leben hinzugeben.

Ist es wirklich Gold, das ich hier spinne?
Ist es Ruhm, den ich gewinne?
Zweifel ist's, der mich gefangen hält
Abseits von der ganzen Welt.

Und in des Waldes Dämmerschein
Bilde ich mir einfach ein:
Kann ich meine Kraft verstecken,
Würden auch mein Stolz und meine Scham
                            verrecken.

Plötzlich höre ich von fern ein Klagen
Höre eine Frauenstimme sagen,
Dass aus Stroh sie Gold gewinnen muss
Innerhalb von nur drei Tagen,
andernfalls droht ihr des Todes Kuss.

Denn ein eitler Müller prahlte vor dem König,
Seine Tochter sei nicht wenig,
Sondern hätte die Verwandlungsgabe
Durch die aus Stroh sie Gold geläutert habe.

Für des Vaters eitle Reden
Saß die Tochter in den Königshallen
Musste nun die allergrößten Ballen,
In Gold verwandeln, um zu leben.
Als ich das Klagen dieser Tochter hörte,
Das all mein Sinnen mir betörte,
Da nahm ich die Gelegenheit sofort,
Mich zu beweisen an königlichem Ort.

So trat ich zu der Müllerstochter hin
Und bot ihr an, das Stroh zu spinnen,
Wenn ich dafür - so war mein Sinn -
Ihr buntes Kettlein könnt' gewinnen.

Schnell war der Handel abgemacht.
Mein Rädchen sauste
Als ob ein Sturmwind brauste
Durch der Wälder dunkle Nacht.

Als der König schon am frühen Morgen kam,
War die Verwandlung ganz und gar getan.
Das Schimmern weckte seine Gier:
"Noch mehr Gold verwandeln!" Das befahl er ihr.

Und wieder brach die Nacht herein,
Ihr Klagen führte mich zu ihr.
Sie bot mir an ihr Ringelein,
Wenn ich ihr helfen würd' dafür.

Ihr Ring, er gab mir wieder Macht,
Hat meine Kraft aufs neue angefacht.
Mein Rädchen sauste
Als ob ein Sturmwind brauste
Durch der Wälder dunkle Nacht.

Als nun der König wieder kam
Setzt seine Gier zu neuem Höhenfluge an.
Die größten Ballen innerhalb des Reiches Zinnen
Sollte sie in einer Nacht zu Gold verspinnen!

Und wieder bot ich an ihr meine Gabe.
Mein Leben kehrte langsam wieder,
Ich spürte alle meine Glieder.
Ich wollte wieder meinen Lohn.
Da sprach sie leise, ohne Ton,
Dass sie nun nichts mehr habe.

"Gib' mir das Leben", schrie's in mir.
Doch ich unterdrückte meine Gier
Und forderte das erste Kind von ihr,
Das sie als Königin gebären werde,
Ein Königskind wie ich, auf dieser Erde.
Verzweifelt ging sie darauf ein -
Und ich werd' der Besitzer dieses Lebens sein!

Die Aussicht auf des Lohnes Macht
Hat meine ganze Kraft entfacht.
Mein Rädchen sauste
Als ob ein Sturmwind brauste
Durch der Wälder dunkle Nacht.

Ein Jahr war seit der Zeit verstrichen,
Da gebar die Königin ein Kind.
Ich kam zu ihr bei Nacht geschlichen,
Den Lohn zu holen ganz geschwind.

"Frau Königin, haltet euer Versprechen.
Euch hab' ich das Sein als Königin gegeben,
So gebt mir das neue, das junge Leben!"
Da schrie sie auf, als wollt das Herz ihr zerbrechen.

Sie weinte, bettelte und bat...
Mein Herz wurd' schwer, tat einen dumpfen Schlag.
Von innen kam der weise Rat,
Dass ich's dem Schicksal übergab:
"Wenn ihr mich könnt beim Namen nennen,
Müsst Ihr Euch nicht vom Kindlein trennen."

Als ich am dritten Tage wieder vor ihr stand,
Da nestelt sie an ihrem Goldgewand:
"Heute Nacht, da streifte ich in meinem Traum
Durch alle Welt und überwand gar jeden Raum.

Es führte mich ein großes Licht
Es gab mir Richtung und auch Sicht.
Es führte mich zu einer kleinen Stelle
Tief in geheimnisvollen Wäldern,
Wo um des Feuers leuchtend gelbe Helle
Ein kleines blaues Männchen sprang,
Das ein wundersames Liedchen sang:
'Ach wie gut dass niemand weiß,
Dass ich 'stolzes Männchen' heiß'."

Wie vom Blitzschlag wurde ich getroffen
All mein Herzleid lag nun vor ihr offen.
Wie zerrissen fühlt ich mich:
Fliehen, ewig weiterdarben?
Oder vor dem Schicksal mich verbeugen?
Mein eigenes Leben nicht verleugnen?
Heilen meiner Wunden Narben?

So wacht ich aus dem Schlafe auf - -
Doch weiter sprach die Königin.
Sie gab mir Trost, sie gab mir Sinn.
So nimmt mein Leben seinen Lauf:

"Stolzes Männchen ist *ein* Name nur,
Den dir einst dein Vater gab,
Ihn hast du nur benutzt als Grab.
Er lässt dich denken an den *andern*,
Von dem jeder spricht in allen Landen."

Ich begann ganz tief in mir zu fühlen,
Worte, Sätze, die mein Herz aufwühlen:
"Würd' ich meiner Eltern Namen nennen,
Würde jeder mich erkennen.
Könnte nicht den Ruhm allein behalten,
Wie ich's früher hab' gemacht.
Sondern nur die hohe Kraft verwalten,
Die ich empfangen von der größ'ren Macht."

Dann sprach die Königin in mir:
"Stolzes Männchen wurdest du genannt,
Als ein kleines Kind du warst.
Dadurch wurde doch der Bogen erst gespannt,
Zum stolzen Mann, der du auch bist.
Stolz sein ist doch nur die Weise,
Wie du *Allem* Achtung schenkst!

Schenkst du nur dem Ruhme Achtung
Wählst du für dein Herz: Umnachtung.
Achtest du auch alle deine Gaben,
Wird es dich erquicken, laben.
Höre nicht auf diesen Meister,
Der dich von allen Kräften trennt,
Und die Liebe nutzt als Kleister
Für jedes abgetrennte Element.

Dein Stolz sprach einst zu dir:
'Du bist es schon, du brauchst nicht mehr zu werden.
Und später sprach derselbe voller Last:
Du bist nichts und wenn du nichts mehr hast,
Bist Meister du auf dieser Erden.'

Du bist der große Weise,
Der in Zartheit leise
Alles konnt' verwandeln -
Nur sich selber nicht.

Dazu musst du erst empfangen
Und an jene Grenz' gelangen,
Die auflöst diese Wand
Zwischen Dir und dieser Welt.
Und dennoch bist du Pol, wenn's Dir gefällt!

Nur im Leben kannst du wirklich wandeln,
Denn in liebevollem Handeln
Gibst und nimmst zugleich,
Bist verbunden mit dem Reich.

Denn der wahre Stolz, der spricht:
'Ich werde, was ich bin.
Das ist meines Lebens Sinn
Und meines Lebens Licht.
Im ewigen Wandeln und Werden
Liegt das Leben auf Erden.

In mir wohnen die Großen meiner Vergangenheit,
Die gaben und täglich von Neuem noch geben.
Dies lebe ich stolz und ohne Befangenheit
Und kann so an der Größe weiter weben.

All meine Wünsche und Gaben,
Meine Rösser, Freuden und Plagen -
Ich weiß, sie sind mein
Und zeigen mein einzigstes Sein.
Ich kann sie nicht halten,
Doch nur verwalten
Und steigern und türmen
Voll Freude erstürmen.
So bin ich groß und gleichzeitig klein
Verwandle alles in Sonnenschein.
Jetzt kann ich mich endlich verwandeln.' "

Da geht jetzt von Neuem mein Blick
Zu meiner Herkunft zurück.
Ich seh' meine Eltern in großer Pracht
Als der Tag und als die Nacht,
Als Himmel und Erde,
Als pochendes Herz des Alls
Fließend zwischen den Polen,
ebben und fluten, steigen und fallen.

Da werde ich gespeist
Als herausragende Welle
Und sinke hinab ins Tal,
Bin Welle wie alle Wellen
Und Welle besonderer Art.
Genieße das Steigen und Fallen
Als Feier des pochenden Herzen.

Bin Berg und grüße die Berge,
Bin Berg und küsse die Täler,
Bin Tal und liebe die Berge
Im Fluten der Stille,
Im Ruhen der Zeit.
Hier schenkt sich das Herz meiner Eltern,
Die ich in mir fand,
Empfangend trag' ich es weiter,
Bin glücklich und heiter.
Ich bin und ich werde,
Bin eins mit dem Leben der Erde.

König Laurins Rosengarten

Einst hat es Zwergenkönig Laurin so getan,
Als er der Rosen Schönheit mit sich nahm:
Unterirdisch baut er sich das schönste Reich,
Schließt es ab mit Zauberbann sogleich,
Dass niemand es betreten kann,
Noch berühren, riechen, schmecken.
Das reizte doch die kecken Recken,
Diese Grenze zu zerbrechen, irgendwann.

Laurin wollte Rosengärten fein behüten.
Doch die Recken um den Hildebrandt
Machte diese Grenze wütend.
Sie zerstörten Laurins Garten zornentbrannt.

Diese Grenze, die das Schöne schützen will,
Wird vom Zwerg mit harter Macht verteidigt.
Und bei seinem Rückzug damals war er längst beleidigt.
Und die Gewalt, sie schlief in ihm noch still!

Ja, er rief nach den Zerstörern seiner Grenzen,
Um seine Macht und Kühnheit zu bekränzen.
Er ist ein Spross der schönen Künste und der Liebe
Und verachtet Krieger, Männlichkeit und Macht
Als sei'n sie alle finster grobe Diebe,
Die er aber selber frei lässt jede Nacht.

Er stiehlt dem Manne und der Macht das Herz,
Und glaubt, das Schlechte aus sich ausgemerzt,
Und ist doch selbst in seiner Schattennacht
Betrüger, der Schönheit sich gefügig macht.

So find ich mich in beiden Namen wieder.
Es reißt mich hoch und wirft mich nieder.
Und als der lange Kampf ein Ende hat,
Da geht von Neuem auf die Saat:
Zwerg Laurin trat in Dietrichs Dienste,
Der einst der wilde Recke war.
Und Hildebrandt war noch der Kühnste,
Denn dessen Herz und Weisheit wurden offenbar,
Als er versöhnte beide
Zu unserer aller größten Freude.

Als dieses Lied in mir erklungen,
Da ist mir jener Reif gesprungen,
Der mir mein Herz so eng gebunden
Als Schutz vor immer neuen Wunden.

Doch dieser Reif, er schützte nicht,
Verdunkelte vielmehr mein Herzenslicht.
So kann ich jetzt mein Herz verstehen,
Das alle Wege will jetzt gehen:
Denn einen Schutz vor Wunden gibt es nicht!

Laurins Rosengarten

Mitleiden

Einst sah ich meine Größe
Und gab mir jede Blöße.
Sah der Menschen Ungemach,
Dies rief alle meine Liebe wach.

Ich spürte diesen großen Schmerz,
Er brach mir fast das Herz.
Unmöglich dieses Leid zu tragen!
Wer könnte dieses Werk wohl wagen?

Und eh ich mich's versah,
War dieser Schmerz mir so sehr nah,
Dass tragen wollt ich ihn für alle Wesen
Damit sie doch von ihrem Leid genesen.

Und während ich aus Liebe weinte
Und allen anderen Gutes meinte,
Da stieg ich - ganz versteckt - als stolzer Turm
empor
Der leidend an dem Schmerz der andern trat
hervor.
Ich stellte mich auf deren Seite,
Als ob ich sie von ihrem Leid befreite.
Erlitt scheinbar deren Schicksal.
Ward noch mehr Opfer, litt die Qual.

Doch alle Opfer ändern sich und handeln
Sie werden groß, beginnen sich zu wandeln.
Ich suchte mir nur die, die Opfer waren.
Die fand ich immer und in Scharen.
So untergrub ich alle meine Kraft
Und habe mich nur aufgerafft,
An ihrer Stelle bloß zu fühlen,
Mich selbst als Retter zu erfüllen.
Mich über sie erhebend setzt' ich mich zurück,
Und fand nicht eine Stunde Glück.
Nur Schuld, nicht gut genug zu sein.
Als deren Retter war ich ja zu klein!

Mein Ruf klang schal aus meinem Mund,
Und tat so schmerzverzerrt die Worte kund:
„Lebt Euch!" Rief ich zu allen Wesen.
Und wollte selbst vom Leid genesen.

Leidend schnitt ich alle Liebe ab,
Die mir von oben floss herab.
Ich klagte alles an,
Sah nicht die Freiheit eines jeden
- trotz allen gegenteilgen Reden -
Sich selbst als Täter, Opfer zu erwählen,
Um sich dann wechselseitig zu vermählen.
Sah selbst nicht meine Wahl,
Wie ich in selbstloser Moral
Zum zwielichtigen Täter-Opfer mich machte
Und eine Dynamik des Streites entfachte.

Herbst

Alles Gold fliegt mir entgegen
Macht mich stark, macht mich verwegen.
Flammen züngeln gelb und rot,
Farbenpracht - so nah dem Tod.

Wenn ich zu dir schreite,
Fühle ich die Größe und die Weite.
Was in meinem Leben war gescheh'n,
Das lässt mich nun in Dankbarkeit erblüh'n.

Anfangs wollte ich dich gar nicht sehen,
Lieber strampeln und vor Schmerz vergehen.
Oder in des Lebens engsten Gassen
Da wünscht ich dich, mein Tod, zu fassen!

Du hast mich vor dir hergetrieben,
Sonst wär' ich manchmal stehn geblieben.
Du hast genommen meine Lieben,
Mal warst du Tod - sie wären gern geblieben;
Mal sind sie von mir fort gegangen,
Weil ein and'rer Weg sie rief.
Doch ich war noch daran gehangen,
War ganz in meinem Leid gefangen.

Rücken, Gelenke begannen zu schmerzen
Vom Krallen und der Enge im Herzen:
„Niemals will ich meine Lieben gehen lassen,
Denn ich fühl mich einsam und verlassen!"

Und nur von Ferne spürt' ich jene Weite,
Die du, mein Tod, mir gibst an deiner Seite.
Wenn mein Herz sich dir ganz offen legt,
Dann ist's so weit, dass es die ganze Welt umhegt.

Und immer gabst du mir der Freiheit Wahl:
Das Leben oder Du - Entscheidung voller Qual.
Des Lebens Weite oder Deine Ferne finden?
Dann standst du plötzlich da in voller Pracht
Und ich begann in Erfurcht mich zu winden,
Und du, du hast mich einfach angelacht.

Da rührt mich deine Schönheit, deine Stille
Ganz tief im Herzen, schenkt mir Fülle.
Dein Leuchten, deine Anmut waren nah
So dass ich deine *Lebens*seite sah.

Du nimmst das Feste, das mein Herz beengt,
Damit das Herz sich ganz verschenkt.
Da seh' ich endlich klar,
Dass es die Angst vorm Leben war,
Die mich am Tode so erschreckte,
Und jetzt zu neuem Leben mich erweckte:

Tod - des Lebens Zierde,
Zu dir geh' ich voll Würde.
Warst mir jeden Tag ein Freund,
Hast mir stets den Weg gesäumt.

Hast das Feste mir genommen.
Dadurch hab' ich Halt gewonnen,
Bin im Lebensfluss geschwommen,
Der mich zog zur blauen Meeresweite.
Immer warst du treu an meiner Seite,
Ob ich dich annahm oder schob beiseite.

Wenn ich all mein Leben dargebracht,
All mein Sinnen wahrgemacht,
Dann bist du zur Stelle,
Führst mich über diese Schwelle,
Dort zum nächsten Leben hin.
Dann seh' ich, dass ich wie ein Baum gemacht,
Dem Diesseits und dem Jenseits zugedacht:
Ich zähle meine Lebensringe
Und wachse über Tod und Leben,
Immer meiner Seele treu ergeben.

Hände (Borneo)

In Borneos hohen Felsenbergen
Will der Dschungel uns verbergen,
dass wir alle dort geboren sind.
Doch es wehte ein geheimnisvoller Wind,
Der die Forscher zu den fernen Höhlen trieb,
Wo sie nun mit Schaufel und mit Sieb
Alles in den unterird'schen Stollen
Aufs genaueste erkunden wollen.

Und es zeigen in den Höhlen hohe Felsenwände
Den bunten Abdruck unserer Ahnen Hände.
Und wie Siegeszeichen blicken sie uns an,
Als ob man's nach geglückter Reise hat getan.

Höhle auf Borneo

photo © Luc-Henri- Fage, www.Kalimanthrope.com

Reisen in die Tiefen uns'rer Erde
Zum Dunkel der Töne und der Laute
Zum Urgrund jeglicher Gebärde,
Zu Orten, zu denen sich kaum jemand traute.

Sie fanden es im innersten Felsengestein,
Sie traten in Räume jenseits der Räume hinein,
Sie rührten an zeitlose Zeiten,
Sanken abwärts in innerster Finsternis,
Sie fanden das hellste und dunkelste Paradies.

Sie sahen sich wachsen und werden
Aus den Zeiten vor allen Erden.
Sahen sich jetzt als Berge und Pflanzen,
Als Menschen und Tiere, die tanzen.

Sie blickten zu den Gipfeln der Zeit
Weit hinter alle Ewigkeit.
Jeder sah sich als Stamm eines endlosen Baumes
Durchwachsend das Diesseits und Jenseits des
Raumes.

Sie fanden ihr Wirken und Wandeln
Ihr Wachsen durch freudiges Handeln
Empfangend das Große
Um selbst Größe zu sein.
So wächst in der Ewigkeit Schoße
Jeder in seine Einzigartigkeit hinein,
Erschaffend des Waldes lebendige Pracht,
Die nur aus dem Herzen gemacht.

Sie kehrten voll Freude zurück
Sie hatten gefunden ihr Glück.
Und was sie fanden, dem setzten sie Zeichen,
Das alle verstehen und alle wird erreichen.
Sie zeigten als der Liebe Unterpfand
Ihre linke vom Herzen kommende Hand.

Höhlenzeichnungen auf Borneo
photo © Serge Caillault, www.Kalimanthrope.com

Gesang des Orpheus

I

Blickend in der Steine Glanz
Fühlend aller Wälder Tanz
Lesend in der Tiere Herzen
Wehte mein Gesang,
Löste alle Schmerzen
Mit der Leier Klang.
Liebend sang ich meine Lieder -
Denn in meinem Herzen fand
Ich alle Wesen wieder.
Nur das eine nicht ...

Mein Gesang bezaubert Stein und Wald.
Die wilden Tiere werden zahm.
Mein Klang kommt aus der Ewigkeit
Und singt und tanzt die Einigkeit.

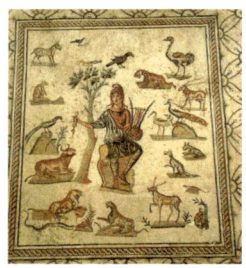

Orpheus und die Wilden Tiere (Palermo)

Da rührt' ein Klang mein Herz,
Es war wie Wonne eins mit Schmerz.
Ein Raunen drang durch meinen Leib,
Als ich die Schönheit sah, dies Weib!

Ein Sehnen traf mich, das ich niemals so empfand,
Es zog an mir, dies holde Liebesband.
Obgleich mein Leierspiel zu allen Herzen führt,
War ich von diesem Unbekannten neu berührt.

Ich kannte nur der Sonne lichte Welt,
Den tiefen Frieden meiner Klänge,
wo Schafe ruh'n in wilder Tiere Fänge.
Jetzt ward Unbewusstes mir hinzugestellt.

Mein Klang war reines Licht.
Er kannt' die Schatten, auch die Erde nicht.
So blickte ich zur Sonne hin,
Vergaß die Schatten in mir drin,
Wie einst auch du, geliebter Ikarus!
Als du dem Licht so nahe warst,
Dass jeder deiner Flügel barst,
Gab dir der Tod den Kuss.

Glückseligkeit - dies war mein Reich.
Ich sah mein Weib, es war mir gleich.
Ich sah sie an und sah sie nicht.
Ich sah sie ganz in meinem Glanz.
Doch meine Sehnsucht sprach das Gegenteil:
Du fehlst mir so - ich bin nicht ganz!
Durch dich werd' ich erst heil.

Oh unbekannte, fremde Schatten!
Oh unbekanntes Selbst, oh Frauen!
Wie zwingt ihr mich, euch anzuschauen!
Es gibt kein Ruhen, kein Ermatten.

Da brach's in mich hinein,
Als aus der Erde diese Natter sprang,
Die Eurydike in den Tod mitnahm.
Die Nacht stach in mein Sein,
Die Nacht, die niemals ich gesehen,
Sie brachte mir die aller größten Wehen.

Ich sang zu meinem Schmerz
Zu aller Pein in meinem Herz,
Zu Türmen voller Hass und Schuld,
Zu Feldern voller Last und Ungeduld.
Ich sah die Meere voller Stolz,
Fühlt' meine Sehnen hart wie Holz.

Bouveret: Orpheus

Oh Unbekannte meiner selbst.
In welchem Reich bist du geboren?
Hab *ich* Dich auserkoren?
Wie such ich Dich in mir -
Und schau nur hin zu Dir.
Und keines seh' ich wirklich.
Ist meine Suche ganz vergeblich?

Wenn ich in allen Herzen wohnen kann,
Warum denn nicht auch dort,
Wo der Klänge ruhigste Ort?
Kann ich auch Hades zieh'n in Bann?

Nun wollt' ich sehen, wie der Klang,
Der einst nur ziellos aus Herz und Fingern rann
Und mich mit allen Wesen tief verband,
Ob er für meine Liebe spinnen kann.

Voll Sehnsucht ging ich in der Toten Land,
Singend mit der Leier in der Hand,
Ja, schreitend in mich selbst hinein,
Zu lauschen diesen Tönen, diesem Wallen,
Die ganz in meinem Körper widerhallen.

Und diese Melodie so zart,
Sie machte alles weich, was hart.
Sie ließ mich diesen Fluss durchqueren,
Der mich von meinen Schmerzen trennt,
Und all mein Wesen reich bescheren,
Das vor Pein wie Feuer brennt.

Jules Machard: Orpheus im Hades

Tief berührt von dieser Töne Zier
Folgen alle Schatten, Toten mir.
Alle Qualen stehen still,
Weil die Liebe es so will.

Selbst das sinnlos hochgewälzte Denken
Fällt nicht wie Felsen nieder
Das wilde Kreisen bleibt jetzt ruhig stehen.
Und tief im Herzen rühr'n die Lieder,
Lassen alle Qual im lauen Wind vergehen.

Du, Sisyphos, in meinem Herzen,
Auch du ruhst jetzt auf deinem Stein,
Und meintest, klüger als der nahe Tod zu sein.
Was bringt das Ende aller Schmerzen?

Es lauschen alle Seelen diesem Hauch der Liebe

Und alle Strafen, die es gab, und harten Hiebe,
Sie lösten sich im Innern auf,
Und legten frei des Schicksals Lauf.

Ich querte singend diese Unterwelt,
Auch Kerberos hat nicht einmal gebellt.
Trat vor Hades und Persephone hin,
Der Unterwelt König und Königin.

Persephone und Hades

Ich sah nicht das wunderschöne Paar,
Das sich wiederfand ein jedes Jahr
Und schlafend auch in meiner Seele war.
Meine Augen suchten nur die eine Frau
In diesem Dunkel, in diesem Grau.
Ich bat die beiden, mir zu geben
Von Neuem Eurydikes Erdenleben.

Die Bitte wurde mir gewährt.

43

Ich fühlte mich jetzt reich beschert.
Doch eine Ford'rung wurde mir gestellt:
Ich dürfe auf dem Weg zur Oberwelt
Nicht einen Blick nach hinten wagen,
Nur meine Frau im Herzen tragen!

Wie leicht schien mir der Weg zu sein!
Wie fühlt' ich mich so stark und rein!
Sie war doch je in meinem Herzen –
Ob als große Liebe oder Schmerzen!

Doch auf dem langen Weg war es geschehen:
Ich fragte mich: Hab' ich sie je gesehen?
Hört ich gar Worte in der Dunkelheit verwehen?
Nein, ich vernahm nur mich beim Gehen!

Da packte mich der Zweifel -
Er macht' mich ganz benommen -,
Ob nicht an jedem künftgen Tag auf unsrer Erde,
Mich diese Angst aufs Neue nieder zwingen
                                        werde,
Dass diese Frau mir wird erneut genommen,
Dass sie wird einen neuen Freier loben?
Oh Qual, die immer aufgeschoben,
Bleibst ewig mein Begleiter!
Und meine Fragen kreisen weiter:
Hab' ich nicht vergessen, sie zu fragen,
Ob sie es will mit mir von Neuem wagen?

Tief versunken in Gedanken, Schmerzen
Verlor ich sie aus meinem Herzen.
Das weckte mich bei meinem Gang nach oben.
Soll ich es beklagen oder loben?
Ich dreh' mich um, um voller Wonne,
dem Schmerz ins Angesicht zu schauen,
auf dass die Liebe wieder komme
Und einhüllt mich in ihr Vertrauen.

Da sah ich sie zum aller letzten Mal.
Ich sah sie und ich sah sie nicht,
Unfassbar meinen Augen, eine Qual.
In meinem Herzen glühte sie.
Ihr Lächeln streichelt' mein Gesicht.
Den Augenblick vergaß ich nie.

Hab' ich je dem Tod ins Aug gesehen,
Der alles Fallende im Herzen trägt,
Der weder Gut noch Böse kennt und wägt?
Ließ ich Liebe jemals nur *geschehen*?
Hab' ich die Toten wirklich angeschaut?
Hat's mich vor meinem Inneren gegraut?

Hab' ich je Eurydike gefragt?
Hab' je zu leben ich gewagt?
Begann die Sucht nach Licht zu morden,
Ist alles mir zum Schattenreich geworden?

Wie kann ich dieser Schatten sein,
Wo ich Apollos Licht entsprang?
Wie kann ich Weib sein,
Da ich bin ein Mann?

Jetzt spürte ich den Tod, die Wut, den Hass,
Sie machten mir Gesicht und Wangen nass.
Wer sang denn vormals meine Lieder?
Und kannten sie mein wild' Gefieder?

Ich kehrte zu der Lebenswelt zurück.
War es Verzweiflung oder Glück?
Mein schwer Gemüt, es kehrte ein
In des Waldes warmen Dämmerschein.
Die Zeit schien still zu stehen,
Doch die langen Jahre gehen,
Ich wälzte endlos die Fragen im Kreise,
Und erhielt wie Tantalos keine Speise.

Wenn ich durchs Klagen schreite,
Hör' ich vergangenen Gesang in mir.
Wenn die farb'gen Blätter fallen nieder,
Erkenn im Herbst ich meine Lieder.
Im Klang der Leier wird mir klar,
Was ich in meinem Innern übersah.

II

Einst lag ich unter einem Baum,
Und hatte einen wundersamen Traum.
Es war als stieg ich in mich selbst hinein,
Erkundend alle Gänge, Fluren, Länderein
In mir verborgen und nach Liebe schrein.

Da traf ich auf den greisen Sisyphos,
der wie ich den Tod verhindern wollte,
und darum ewig Schmerz erleiden sollte.
Ich fand den wüsten Tantalos,
der den Göttern Hohn und Spott nur zollte,
Und als er sich die Welt ohn' Traum ersonnen,
Da ist ihm Speis und Trank zerronnen.

Mein Singen umarmte die beiden,
Verstehend und nah ihrem Leiden.
So ging ich langsam dem Hades entgegen
Und spürte sein weiches Gesicht.
Ich schritt nun weiter und wurde verwegen:
Ist das der Unterwelt großes Gericht?

Es ist, als öffnete dieser Traum
Mit jedem Schritt mir neuen Raum.
Ich fühlt' es nur und konnt' es kaum erfassen,
Was ich sah - sollt ich's lieben oder hassen?

Oh Hades, dunkle Seite jeden Mannes!
Krieger, Schänder, Tier und Wüterich
Ein jeder ruft: 'Ich kenn es!'
So ruft's in mir, so ruf' auch ich.

Oh Hades, dunkle Seite jeden Mannes!
Du tiefe große Urgewalt,
Du Geist in leuchtender Gestalt!
Da ruft's in mir: 'Ich kann es!'

Doch scheinst du deine Macht daraus zu ziehen,
Was hinter allen Masken liegt.
Und will ich all die wilden Bilder fliehen,
Dann ist auch meine Kraft versiegt.

Wenn ich in deinen klaren Spiegel blick',
Wirft er mir all mein Innerstes zurück.
Ich knie danieder und verneige meinen Sinn,
Umarme alle meine Seiten,
Die ich je gewesen und noch bin.
Erst dann wirst du mein Bruder sein
Und lässt mich in Dein Reich hinein.

Da lenkt ein fernes Strahlen meine Schritte,
Es zieht mich hin und führt zur Mitte
Des großen Kuppelbaues hin.
Da sitzt die wunderschöne Königin,
Die damals ich vergaß zu sehen.
Wie konnte mir das nur geschehen?

Es war, als spiegelten sich meine Lieder
In ihrem Blick und meinem Herzen wider.
Ich schloss die Augen und fühlte das Sein
Und spürte tief, sie sank in mich hinein.
Und als ich auftat meiner Augen Lider
Da strahlt sie nächtens nieder
Als silbern weißer schönster Mond,
Der je die Nächte hat bewohnt.

In meiner Melodien Reigen
Da wollte sie sich ganz mir zeigen.
Als schwarze Nacht sank sie herab,
War dunkler noch als jedes Grab.
Die Kälte allen Grauens kam heran.
Starrt' mich mit Moder des Verwesens an.
Ein Zischen wie von tausend Schlangen,
Ein Schreien, Rasen, Lachen, Bangen,
Geburt und Tod und Liebe und Empfangen!
Dunkle Erdenklänge stampfen,
Schwitzen Hitze und verdampfen.

Aus tiefsten Tiefen hörte ich die Erde singen,
Dunkle Töne ihrer Kehl' entspringen.
Wilde Freude, Wachsen, Sprießen,
sich in jedes Lebewesen gießen.
Leben - Sterben, ohne einzuhalten,
darin stets als Ganzheit walten.

Da erwacht' in mir ein neuer Klang,
als ob Gott Hades in mir schwang.
Ich besang jetzt meine Stärke,
Ging in meinem Innersten zu Werke.
Umarmte all das Wilde, all das Grauen.
Ich stand und hielt die tausend Frauen.

Ich schwand von Neuem in den Tod,
Erkannt' ihn als mein wahres Glück
Und kehrte auch als Kind zurück.
Da sah ich ihre Blöße
In ihrer vielfältigen Größe
Als aller Geheimnisse Tor
In dem ich meine Größe fand,
wenn ich mich darinnen verlor.
Und als ich ohne Wanken stand
Und mich mit ihr zutiefst verband
Da floss es wie Wellen in mich hinein
Geborener und Zeuger zu sein,
Empfangende und Gebärende:
So ward ich der Immerwährende.

III

Und als ich wieder erwacht
Habe ich all das bedacht,
Was der Traum mir geschenkt,
Und ihn in mein Leben versenkt.

Ich begann zu finden den Mann im Wald
Aus Licht und aus irdischer Urgewalt.
Ich fühlte das Bersten der Felsen,
Ich sah den Tod und das ungehemmte Sein.
Es reicht bis in den Erdmittelpunkt hinein.

Röhrendes Kämpfen und Stöhnen,
Wildes, verzücktes Verhöhnen.
Ich fand es und pflegt' es alsdann,
Dass es über sich hinauswachsen kann.
Oh Tod, ich begegne Dir allein,
Keine Frau wird in meiner Nähe sein,
Noch ist mein Tod für sie bestimmt.
Ich nehme dich jetzt als meinen Geliebten.

Oh Angst, quillst manchmal noch aus
                              Felsenspalten,
Du willst mich nur auf alten Wegen halten.

Bald hatt' ich andere Männer gefunden
Mit rauen und mit sanften Händen
Mit wilden und mit zahmen Lenden
Wir begannen, uns selber zuzuwenden
Behandelten unsre schmerzenden Wunden.

Ich kehrte in Gedanken in die Unterwelt
                                    zurück
Und immer klarer wurde mir mein Blick.
Sah des Unterwelt Gottes Angesicht
Als tiefsten Freund und Bruder Licht.
Je mehr ich ihn erkannte,
Je mehr ich mich entspannte,
Sah ich Persephones Gesicht.
Ihr nächtlich dunkles Schattenreich
Und ihr geheimnisvolles Licht.
Den Glanz in ihrem Spiegelteich,
Den Zauber ihrer großen Fülle,
Die sie drei Viertel jeden Jahres
Auf unsrer Oberwelt enthülle.
Die Wellen ihres langen Haares,
Den weichen Zauber ihrer Nacht,
Und der Verführerinnen Macht,
Geburt und Tod in sich vereint,
So fühlt ich's tief in meiner Brust.

Hades und Persephone

Sie wurd' mir so vertraut und nah,
Wie ich noch keinen Menschen sah.
Es ist, als spräch' sie in mir drinnen,
Als würd' das Blut der Frauen in mir rinnen.
Und spürte Hades gleicher Art –
Nicht weich und auch nicht hart –
Als ob ich selbst sie beide wäre,
Und diese Zwitterkraft mich nähre.

Da spürt' ich diese Liebe wieder,
Sie rann durch alle meine Glieder,
Als ob die beiden Hochzeit hätten.
Es sprangen aus mir neue Lieder
Und sprengten alle alten Ketten.

Persephone und Hades

Nun habe ich gefunden,
Wonach ich ständig strebte,
Persephone, für dich hab ich geschunden
Die Seele, welche dieses Schicksal webte.

Dies habe ich Dionysos geweiht,
Der stets zu beiden ist bereit:
Mann und Frau zu sein,
Leben und Tod nicht zu entzwein,
Lust und Schmerz tief zu fühlen
Und niemals abzukühlen.
Gleichzeitig als Gott zu wehen
Als Mensch von Kopf bis zu den Zehen.

Als das in mir entbrannte
Und ich's durch Herz und Augen sandte,
Da war mir Liebe gänzlich neu:
Ich liebte Einigkeit und Zwist,
Ruhe und lodernden Sturm
Und jeden, wie er ist
Zum Sprung ins Universum.

Persephone und Dionysos

Jede Hürde ward mir liebevolle Stufe,
Jede Wunde widerhallt vom Rufe
Nach der großen Weite hin,
Die meine Seele hat im Sinn.

Von allen wurd' ich reich beschenkt,
Ein jeder hatte meine Schritte mit gelenkt.
Eurydike, einst fühlt' ich dich als Wunden,
Jetzt bin ich tief mit dir verbunden.

Oh Liebesnot, du bist vorbei!
Nichts bricht mich mehr entzwei. -
Das sprach sich überall herum,
Dass ich jetzt in mir vereine,
Was sonst getrennt als Mann und Frau erscheine.

Nun möchte' ich lieber schweigen,
Von dem, was dann geschah.
Es war ein wilder Reigen,
Was ich als Interpretationen sah.

Man sagte, Frauen hätten mich zerrissen,
Weil ich die Frauen hätt' zurückgewiesen?
Weil ich ein Feind sei der Ekstase?
Weil ich die Liebe still genieße und nicht rase?
Weil sie in meinem Innern wollten finden,
Was sie im Draußen nicht konnten ergründen?
Weil ich den Männern geraten hätte,
Dass nur Persephone und Hades sie rette?
Doch keine Frau dies vermöge
Wer andres sage, der lüge?

Tod des Orpheus

Mir ist es jedoch ganz einerlei,
Ob ich von Frauen zerrissen sei,
Oder der bleibende Mythos es braucht,
Der das Ende ins Rätselhafte taucht.
Doch für die Hörer sei nur das von Gewicht:
Finde zusammen all deine Teile
Und zwar aus deiner einzigartigen Sicht.
Und wenn es auch dauert eine Weile,
So ergründe dich liebend Schicht für Schicht!

Orpheus in Samothrake

Mythen

Oh Mythen dieser Welt
Ihr habt mir stets geschenkt,
was das Leben mir erhellt.
Ihr habt in Tiefen mich versenkt,
Habt mich gelehrt, im Dunkeln
Mit meinem Licht zu funkeln.
Dennoch sprecht und sprecht ihr jeden Tag,
Was kein Wort mir je zu geben vermag.

Es ist, als weht ein lauer Wind
Über meine meeresweite Seele hin,
Webt Bilder in mein Wellenkleid.
Ich spür es wie ein heitres Kind,
Ich folge reifend diesem Sinn
Und schreite über alle Zeit.

Nacht II

In majestätischer Farbenpracht
Dämmert der Tag in die Nacht,
Die große ruhende Umarmung.
Sie kennt keine Schatten,
Nur Tiefe und Ruhe und Flüstern,
Das Rauschen und Tosen und Quellen,
Als brandeten tausende Wellen
In schweigender Anmut an Strände und
                                    Küsten.

Und wenn der Tag und die Nacht
Sich küssen im Mond
Und im Schein ihrer Umarmung
Kein Schatten ihr Leuchten erreicht,
Blüht auf zu ihrem Kuss die Wasserlilie.

Frohlockend schickt die Nacht den Tag empor.
Erfrischt in der Dunkelheit der Meere
Gleißt er - sich spiegelnd im Tau seiner
                                    Geburt,
Sich erfreuend am Wachsen, Gedeihen.
Und im Spiele von Licht und von Schatten
Bleibt die Erinnerung an die liebende Nacht,
Ehe er freudig zurücksinkt in den Schoß des
                                    Meeres,
Eintauchend in sein Geheimnis,
Schöpfend aus der Tiefe
Der nie endenden Quelle.

Im schattenlosen Reich mahlt die Zeitlosigkeit,
Zeigt Tag für Tag prachtvolle Blüten.
Und ist nicht der Tag, der verrinnende,
Der Takt, der Pulsschlag des Werdens?
Vergess' ich die Zeit,
Dann bin ich der Tag und die Nacht
Und die Geburt meines Geheimnisses.

Paradies

Einst lag ich unterm Apfelbaum
Und war ganz wach bei meinem Traum.
Die Schlange züngelte hernieder
Und küsste meine Augenlider,
So dass mein Herz erkennt,
Dass niemals ich vom Paradies getrennt.
Ich baute mir nur selbst den Zaun,
Um dann nach drüben sehnsuchtsvoll zu schaun.

Ich hab in meiner Scham und Schuld
Mir einen Gott gebaut voll Zorn und Ungeduld,
Der später wurde sanft und gnadenvoll
Doch für die Grenze blieben all die gründe,
Denn weiterhin war ich in Sünde.
Dann sah ich meinen stolzen Wächter
An meinem Zaun im Paradiese stehen,
Erkannt' ihn jetzt als den Verächter
Von Menschen, ja von allem Irdischen.
Ich habe selbst die Welt in Gut und Böse
                                    aufgespalten
Und mir den Himmel fern gehalten.

Dies Erkennen machte mir das Herz so weit,
Jetzt endlich war ich ganz bereit,
Als Zier mir diesen Zaun
Zu hängen in den Speiseraum.
Von da an sah ich voll Entzücken,
Wie lang ich lief auf diesen Krücken.
Und sah von nun an voller Pracht
Der Engel und auch meine Macht.

Der König vom Mummelsee

Wenn die Nacht sich über den Mummelsee senkt,
Dann glitzert und wispert und raschelt es leise.
Ein jeder an seine geheimsten Wünsche denkt
Und schickt sie mit Elfen und Nixen auf Reise.

Da quellen aus Wassern die Brüste empor,
Schenkel und Hintern sich winden.
Das Intimste und Geilste - alles tritt hervor.
Und Du, Mann, willst mit allen im See verschwinden!

Und wacht der Tag von Neuem auf,
Es glitzern in Ruhe der See und die Bäume.
Alles nimmt seinen gewohnten und engen Lauf,
Verschwunden sind alle die lüsternen Träume.

Doch jedes Jahr, da gibt's eine Nacht,
Da kommen Männer von nah und von fern.
Sie schreiten und tanzen in voller Pracht
Und tragen auf ihrer Brust einen Stern.

Lautlos streifen sie um den nächtlichen See.
Sie sehen die Zwerge, die Nixen und die Fee.
Dann lauschen sie den Liedern der Eulen
Und singen den Ruf, den die Wölfe nachts heulen.

Sie bedecken Girlanden und Blüten,
Sie tragen Federn auf ihren Hüten,
Ein jeder schmückt seinen nackten Leib
Genau so wie ein Mann und ein Weib.

Dann weichen die Wasser zur Seite,
Die Nixen und Elfen beenden ihr Spiel.
Der See wird zur unendlichen Weite
Und die Männer schauen auf ihr Ziel.

Ganz unten wartet der König in seinem Palast.
Es funkelt und glitzert wie tausende Sterne.
Dorthin gehen die Männer frei jeglicher Last.
Der König umarmt sie voll liebender Wärme.

Zu jedem spricht er ganz weise
Über deren vergangene Reise:
"Auch du bist jetzt König geworden,
Drum leuchtet dein Stern wie ein Orden.

Ein jeder von Euch ist viele Wege gegangen,
Um an sein eigenes Ziel zu gelangen.
Auch Du warst verfallen den Lüsten
Und suchtest in allen großen Brüsten
Die eigene, die dich ernähret.
Du zogst mit der einen,
der dunklen Seite der Erde
Um dich tief unten im See zu vereinen.
Und hast du sie lange verehrt,
Da sah sie dich an mit den Augen des Rehs
Und sprach "Stirb oder werde!"
Und aufschäumten die Wasser des dunklen Sees.
Er spülte dich erneut an die Küsten.

Doch auch die lichte Seite hielt nicht,
Was du dir als Liebe zur Frau versprachst.
Du verströmtest Dich im Sehnen zur Einen
Und musstest über den Mangel in Dir weinen.

Die beiden sind Schwestern der einen Braut,
Die im Innersten wohnte und erst jetzt sich traut,
Ihr Antlitz zu zeigen.

Du hast all deine Seiten geschaut,
Warst Balsam für deine Wunden,
Hast erkannt deine innere Braut:
Die Frau, den Tod und die Einsamkeit.

Dann standest du da wie ein Baum,
Tief verwurzelt im Urvertraun,
Begannst all deine Leben anzuschauen,
Und dein Wachsen weiter auszubauen.

Warst Vater und Mutter Dir,
Hast erkannt und gelebt dein Tier,
Hast alles umspannt,
Mit Herzen entflammt.
So kann es erst wirken und weben
Durch dich und dein Leben,
Was Liebe sich nennt.
Ihr hast du dich ganz übergeben.

So dehnt' sich dein Herz zu deinem Geschlechte,
Dein Geschlecht trug vielerlei Blüten,
Es wuchs während der langen, langen Nächte,
Um Dein liebendes Herz zu behüten.

Begegnest du jetzt den Frauen,
Willst du ihre Weis' erschauen,
Erleben, wie sich eure Bäume, eure Reigen
Vielfältig in der Unendlichkeit verzweigen.

Darum geb' ich jedem von euch ein Symbol,
Das behütet gut, denn es führet euch wohl:
Es ist das geflügelte männliche Geschlecht,
In dem du dein Herz fühlst - mit Recht."

Geflügelter Lingam

Christkind

In der Nacht vor der Bescherung schlich ich mich aus dem Bett und wollte heimlich in das Bescherungszimmer, um die vorbereiteten Dinge und Überraschungen auszuspähen. Ich weiß nicht, was mich dazu trieb. Ich war keine sieben Jahre alt und wollte aus Übermut und Abenteuerlust vielleicht dieses geheiligte Geheimnis "Überraschung" durchbrechen.

Ich schlich mich also durch die dunkle Wohnung, achtete darauf, dass ich nirgends anstieß und stand bald vor dem besagten Zimmer. Glücklicherweise gab es in diesem Jahr bereits Schnee, so dass die Nacht nicht ganz so dunkel war und von draußen eine leichte Helligkeit die Dunkelheit durchdrang.

Da stand ich vor der Tür, zitterte vor Aufregung und weil ich nur mit einem Nachthemd bekleidet war. So einfach konnte ich das Geheimnis nicht durchbrechen, den Schleier zerreißen, den dieses Zimmer umgab: Ein Lichtertraum, ein Klang von irgend woher, Überraschung, halb beschenkte mich das Christkind, halb waren es meine Eltern und Verwandten. In diesem Zwischenraum befand ich mich - und ihn wollte ich erkunden.

Zuerst nur durchs Schlüsselloch gucken, dachte ich mir. Ich beugte mich ein wenig vor, hielt mir ein Auge zu und lugte durch das Schlüsselloch. Zuerst Dunkelheit, dann nahm ich langsam dieses Dämmerlicht war, das vom Schnee herrührte, der durch das gegenüber liegende Fenster schimmerte. Der Christbaum ein großer Schatten, einige blitzende Dinge daran. Stille. Irgendwie bewegte sich etwas in der Luft um diesen Baum herum. Glitzernder

Schimmer? Nebel? Ich presste mein Auge fester an das Schlüsselloch. Da wurde plötzlich der ganze Bescherungsraum durchstrahlt und ein wunderschönes Kind stand vor dem Baum und schaute auf mich. Es war so anmutig, dass mir der Mund aufklappte. Es stand da, lächelte mich an, als ob es mich sehen könnte, und kam auf die Tür zu, die uns trennte. Es schien mir, dass dies nicht meine erste Begegnung mit dem Kind war. Was dann passierte, daran erinnere ich mich nicht mehr. Ich wusste nur, dass das Kind mir einen Schlüssel zeigte.

Am nächsten Morgen erzählte ich das Erlebnis in etwas abgewandelter Form meinen Geschwistern und meinen Eltern - natürlich nicht davon, dass ich das alles im Bescherungszimmer gesehen hatte. Ich hatte das Gefühl, sie glaubten mir nicht so ganz oder dass ich schön geträumt hätte. Meine Mitschüler lachten darüber und im nächsten Jahr wurde mir deutlich gemacht, dass das Christkind gar nicht existieren würde.

Und mit dem wachsenden Abstand zu meinem Erlebnis begann auch ich zu glauben, ich hätte damals geträumt. Natürlich war es ein Traum. Niemandem begegnet das Kind, das vor 2000 Jahren geboren wurde. Ich fragte später meine Eltern, warum man denn den Kindern erzählt, dass das Christkind käme. Eine wirkliche Antwort bekam ich nicht.

Die Jahre vergingen. Weihnachten wurde immer schenkfreudiger und mir immer fremder. Das Leben zog mich davon und ich floh das Gefühl, das ich damals an Weihnachten und bei meinem Erlebnis empfunden hatte. Den Traum, den ich im Herzen hatte - er war mir verschlossen.

Einmal, als ich in den 40ern war, saß ich allein vor einem kleinen Weihnachtsbaum. Ich wunderte mich, dass ich diesen Brauch wieder mitmachte. Plötzlich sprach der Tannenbaum zu mir: "Erinnerst du dich an jene Nächte deiner Kindheit?"

War ich eingenickt? War ich wach? Aber diese Worte, die wie aus der Tiefe zu kommen schienen, brachten mich durcheinander und schleuderten längst vergessene Gefühle empor und überfluteten mich. Durch meine Tränen sah ich die Christbaumkerzen glitzern. Und da stand es wieder, das Kind, lächelnd, anmutig, voller Liebe. Träume ich? Da spricht das Kind: "Wie wahr ist doch ein Traum, wie wenig wahr die Wirklichkeit. Du siehst jetzt in dein Herz, siehst dich, siehst deinen fröhlich geschmückten Tannenbaum."
"Gibt es Dich? War es doch kein Traum? Warum weiß von Dir kein Mensch?" - so waren meine Fragen.
Da sprach es: "Sind Kinder keine Menschen?

> Kinder wissen, dass sie selbst es sind,
> Die in der Krippe liegen.
> Sie fühlen tief den heiligen Wind,
> Der sie täglich will wiegen.
> Sie sehen den Himmel noch offen
> Es ist ein Wissen, kein Hoffen.
> Sie spüren die Herrlichkeit der Welt,
> Die sich durch jedes Wesen erhellt.
> Und wenn sie später das Christkind verlieren,
> Werden sie es mit Geschenken verzieren.
> Dann schließt langsam der Himmel sich.
> Es trennen sich Himmel und Erde.
> Auch Gläubige trennen das Christkind von sich.
> Und jeder sehnt sich, dass es wie damals werde.

Da blicke ich das Kind voll Freude an und es wird mir ganz warm ums Herz. Und bevor es meinen Augen wieder entschwand, sprach es:

"Sprich nicht von mir - gib's weiter als Leben mit Bildern des Öffnens und Gebens. Denn wer es erlebt hat, der kennt mich. Und wer mich noch nicht gefunden, dem werden die Bilder ein Schlüssel auf der Suche nach seiner Bescherung sein. Mich kannst du nur finden im Leben - doch nicht durch Worte weitergeben."

Orphischer Anfang

Am Anfang war Nyx,
Die dunkelste Nacht,
Und der wehende Wind.
Sie hatten es vollbracht
Und erschufen das erste Kind.
Liebend durchdrangen sich beide.
Da gebar Nyx ein silbernes Ei
Und legte es anmutig und sacht
In den riesigen Schoß der Dunkelheit.
Dem Ei entstieg voller Freude
Eros - ein Gott in glänzender Herrlichkeit
Mit goldenen Flügeln bekleidet.

Er bringt alles ans Licht,
Was bisher verborgen:
Die ganze Welt, Himmel und Erde,
Dass es keime und werde.
Und vermählt beide ohne Beschwerde.

So spür ich in jeder Nacht
Den kosmischen Wind,
Der sich freudig entfacht
Und in ewiger Liebe spinnt.

Und dämmert der Tag im silbernen Licht,
Steigt auf die goldene Sonne,
Fühl ich voll Ehrfurcht und Wonne,
Dass Eros ich bin mit gleißendem Angesicht,
Um Himmel und Erde zu einen -
Als geborenes Kind
Aus der Urnacht und dem wehenden Wind,
Um als Sonne und Mond zu erscheinen.

Und wie es einstmals hat begonnen,
So wird es täglich fort gesponnen:
Ein jeder ist Himmel und Erde zugleich
Und Eros - spielend und bauend am Weltenreich.

Ödipus und die Sphinx

Ausgezogen, meine Herkunft zu ergründen,
Zu erfahren meiner Ahnen Sünden,
Zog ich, Ödipus, das Königskind,
Über viele Berge Richtung Theben hin.

Ahnend, dass mich meine Eltern ausgesetzt,
Um ein ungewolltes Schicksal zu verhindern,
Stürmte ich zu Fuß den Pfad entlang.
Als ein Fremder wollte meinen Weg behindern,
Fühlt' ich mich in meinem Stolze tief verletzt
Der Kampf begann, ich rang und schlug ihn nieder.
Als mein Jähzorn schließlich mich bezwang
Da sank der Unerkannte in den Staub
Und öffnet seine Augen niemals wieder.
Nicht wissend, dass das Schicksal sich erfüllte,
Als ich den unbekannten Vater niederschlug,
- der Thebens König war, wie später sich enthüllte -
Nicht wissend, sucht' ich weiter, was ich nicht ertrug:
Den Teil in mir, der wie ein Ungeheuer in mir thront.

So zog ich weiter, um Erkenntnis zu erreichen,
Doch fühlt' ich's nicht - und ging so über Leichen.
Da sah ich Thebens Türme in der Ferne,
In meinem Herzen fühlt' ich endlich Sterne,
Als sei bereits ein Land in Sicht,
Das mir im Innern brächte Licht.

Die Stadt, sie wurd' bewacht von einem Wesen,
Das halb Tier, halb Weib, halb Gott gewesen.
Die Sphinx ließ nur den Mann zur Stadt hinein,
Dem eine Lösung fiel zu ihrem Rätsel ein:
"Vier Beine besitzt es noch am Morgen,
Zwei Beine sind es mittags dann geworden.
Der Abend hat es zum Dreibein verwandelt.
Sag' mir, worum es sich dabei handelt?"

Kein Mann konnte je das Rätsel entwirren,
Jeden schien ihr Anblick neu zu verwirren:
Verführerisch und schrecklich war die Gestalt -
Einen jeden brachte sie in ihre Gewalt.

Jan Auguste Ingres: Ödipus und die Sphinx (1808)

Doch ich, der Königsohn,
Ließ mich darauf nicht ein,
Ich sprach nur voller Hohn,
Das kann der Mensch nur sein.

Ich ließ mich nicht von ihrem Wesen berühren,
Noch durch ihren flirrenden Anblick beirren.
Und wollte mit meines Verstandes Speer erstechen
Das Ungeheuer und alle Männer vor mir rächen.

Da stürzt' sich die Sphinx von der Klippe,
Sie sprang in die finstere Nacht,
Sie kehrte zurück zu ihrer Sippe.
Und ich ward zum Retter von Theben gemacht.

Da sind in den Staub alle gefallen
Götter, Mythen und Sphinxe mit Krallen
Vor mir, dem turmhohen Menschen-Verstand.
Ich nehm' mein Geschick in die eig'ne Hand!

Und als ich schon Jahre die Stadt regierte
Iokaste mich als die Gemahlin zierte,
Trat erneut auf ein unheimliches Wesen:
Die Pest ließ keinen Thebaner genesen.

Erst wenn der Mörder des Laios verbannt,
Werde die Lage von Theben entspannt,
Ließ das Orakel den Seher sprechen,
Den weisen Teiresias mit Stab,
Blindheit war sein heiliges Gebrechen,
Die ihm tiefere Sichtweisen gab.

Da traf mich die Wahrheit als Blitz von oben herab,
Dass ich den Vater getötet und die Mutter geheiratet
hab'.
Was Schicksal, was willst Du mir zeigen?
Ich steche die Augen mir aus,
Um nicht mehr zu sehen den Graus!
Und jetzt kannst auch du nur noch schweigen!

Nicht will ich fühlen noch will ich es sehen,
Wer vor mir war oder ist.
Und spür ich's von der Brust bis zu den Zehen,
Dass du meine Liebste bist,
Die Rätsel, du Weib, ich kann sie nicht lösen.

Ich wollte die finstere Ruhe im Dunkeln erfahren,
Doch sie, sie wollte vor Blindheit mich bewahren.
Ja, diese lange und tiefe Nacht
Hat Licht in mein Innerstes gebracht.

Was meinen Augen verborgen schien,
Kam mir Blinden langsam in den Sinn.
Alle Sinne wurden klar und wach,
Die ich einst durch Denken unterbrach.
Sie konnten plötzlich sehen,
Was damals war geschehen.

Ich sah den Kampf mit jenem Mann
Und spürte meinen Vater dann
So inniglich mit mir verschlungen
Voll Angst vor dem Geschick durchdrungen.

Und wieder stand die Sphinx vor Theben,
Ich spürte in mir Furcht erbeben.
Und als ich ihr des Rätsels Lösung gab,
Da stürzte sie sich weinend tief hinab.
Ich hört' ihr Wort im Abenddämmerschein:
"Soll ich dir ewig Rätsel sein?"

Jetzt blickt' ich ihr - erblindet! - nach
Und wurde dabei hell und wach.
Ich sah, dass sie mit ihren Schwingen
Erneut begann, ihr Lied zu singen.

Sie trat vor mich als meine Mutter hin,
Geliebte und verführerische Frau darin,
Als Weib so unergründlich tief,
Gebar, was alles in ihr schlief.

Sie sehnte sich im Herz nach diesem Mann,
Der selbst das Rätselhafte in sich sann,
Der ihr Geliebter sei und immer bleibe
Mit allen Sinnen im eigenen Leibe.
Der dennoch das Dunkle vertreibe,
Als Sonne die Göttin der Nächte geleite
Und mit seiner Liebe die Schwärze durchschreite.

Sie trat in mich ein und kniete sich hin,
Sie zeigte mir, dass auch ich Rätsel bin,
Der sehend blind und blind erschaut,
Dass die Sphinx seine innere Braut.

Sphinx

Da zeigte mir die lange Reise:
Das Geschick zu bekämpfen,
Erfüllt dieses nur
Auf eine viel härtere Weise,
anstatt mildernd zu dämpfen.
Es engte mich ein auf die kleinste Spur.

Hätt' ich gesehen, wer vor mir stand,
Und gefühlt, was mich damit verband,
Da hätt' ich meinen Vater wohl erkannt
Und auch die Sphinx, das rätselhafte Wesen.
Das Rätsel ist sie selbst, doch nicht die Frag'
gewesen.

Das Rätsel ist der Weg des Lebens,
Der mich zum Stab der Weisheit führt,
Er hat in allen Weisen seines Webens
Mich in meinem Herzen tief berührt,
Und meine Wesenszüge offenbart.
Und hab ich mich geschunden,
So war und ist er immer zart.
So hab ich mich gefunden.

Da steig ich in mich selber nieder
Und blick zurück -
Und singe meine Lieder:
Das alles war mein wunderbar Geschick,
Das mich zu dem schuf, der ich bin.
Das wandelt' der Erynien Sinn.
Sie zeigten, wer sie wirklich waren:
Musen mit liebendem Gebaren.

Worte

Wie aus einem See die Worte steigen,
Sie tanzen ihre eig'nen Reigen.
Sie bilden sich zu Reimen.
Und wenn sie mir im Herzen keimen,
Erkenn ich mich in ihnen wieder.
Da sink' ich auf den Grund des Sees nieder
Und lausche dem Rauschen der Tiefe.
Es ist, als ob sie mich riefe.

Es öffnet sich ein mächtiges Tor.
Daraus quillt und sprudelt es hervor
Das Leben als schäumende Rosse,
Als glitzernde, feurig leuchtende Sprosse.
Ich stürz mich ins wildeste Treiben,
Und möchte immer dort bleiben.
Dann treten ein Stille und Ruh',
Das weit geöffnete Tor geht wieder zu.
Der See spült mich aufs Neue nach oben
Die Wellen haben mich jauchzend erhoben.

Und aus dem See die Worte steigen,
Sie bilden ihre kühnen Reigen
Und fügen sich zu Reimen,
Die in meinem Herzen keimen.

An Orpheus

Mein ganzes Leben warst Du mir Begleiter,
Bei allem Hoffen, Lieben, Klagen.
Dein Weg - er brachte immer neue Fragen,
Und trieb und trieb mich ewig suchend weiter.

Du warst mir jeden Tag so nah:
Als ich durch deinen himmlischen Gesang
Verstehend in die Herzen sah;
Als dir in Liebe fast das Herz zersprang
Im weichen Schoße Deiner Frau.
Als dir die Welt so farblos ward und grau
Durch des Hades gift'gen Natternbiss,
Der dir die Liebste ganz entriss.

Du warst mir jeden Tag so nah:
Als ich die wilde Sehnsucht sah.
Mit dir ging ich als großer kühner Held
Zu Hades in die Unterwelt.
Um singend in dem Reich der Toten
Zu holen, was das Leben mir verboten.

Du warst mir jeden Tag so nah:
Als ich über meine Schulter sah.
Im Zweifel ging mein Blick zurück,
Zu sehen, ob mein holdes Glück
Mir voller Liebe folgen würde.
Da traf mich alle Last und Bürde:
Ein schemenhaftes Wesen
Das war Eurydike gewesen?
Und als das Bild von ihr verschwand
Da blieb ich starr mit leerer Hand.

Du warst mir jeden Tag so nah,
Als ich einsam dich vergehen sah.
Ich fühlte groß und schwer mein Herz,
Geweitet und zerrissen, voller Schmerz.
Und wie dereinst dein Singen sie erhellt,
So erschüttert nun dein Klagen diese Welt.

Ich kenne die Jahre der Einsamkeit,
Die Stunden verrinnen,
Sie türmen sich zur Ewigkeit -
Doch langsam wächst da drinnen
Ein Sinn, der mich befreit.

Dann gingst du tief in die Wälder hinein
Durchliefst wiederholt vergangenes Sein.
Es wurde ruhiger und sanfter dein Klagen,
Es fingen an sich zu lösen die Fragen.
Doch ich, ich versteh' sie noch immer nicht.
Sie hören nicht auf, an mir zu nagen,
Sie wollen mir öffnen die neue Sicht.
Du hast der Männer viele gelehrt!
Was hast du geschenkt, was hast du beschert?
Was hast du Apoll und Dionysos geweiht,
Dass die Mainaden dich zerrissen?
Das alles hat mich in meinem Innern entzweit
Und verstört zutiefst mein Gewissen.

Doch langsam erahnt' ich mein Leben,
Als ich ganz diesem Weg hingegeben.
Da warst du mir nochmals so nah,
Als ich deine Lebensreise besah.
Jetzt stehst du vor mir
Mit all' deiner Zier.

Ein Gott warst du gewesen,
zum Menschen bist du genesen.
So hab ich als Mann es verstanden,
Dass wir Götter sind, um zu vergehen
Und als Menschen wieder auferstehen,
Götter bleiben, um als Menschen zu bestehen!

Da hört' ich deiner Stimme wundersamen Klang,
Vom weiten Meer kam dein Gesang
Vom abgetrennten Haupt allein.
Es trug die Weisheit in mein Herz hinein,
Dass ich jetzt alle deine Glieder
In mir selber fände wieder.
Ich müsste selber sie zusammen bringen,
Dann würden sie von Neuem Wunder singen.
Das Wunder allen Lebens
Das keiner sucht vergebens.

Da klang's in mir
Und sang von Dir,
was ich noch nie vernommen,
Dein Mythos hat es mir entsponnen.

Sturm

Du kommst mit Brüllen und mit Sausen,
Deine Wildheit reißt mich nach draußen.
Du jagst pfeifend über die Erde
Mit Krachen und Brausen und Ächzen,
wie wenn tausende wilde Pferde
durch die lodernden Lüfte hetzen.
Und all diese springenden Fetzen,
Sie bilden sich langsam zu Sätzen:

"Komm, wiege und schwinge im tanzenden Gang,
was ich dir bringe als inneren Gesang.
Ich eile fliegend über alle Wälder, Städte,
Ich löse und zerreiße jede harte Kette,
Die dein Innerstes verspannt.
Ich öffne mit weicher Hand
Auch die ausdauerndste Wand.

Ich bin der Sturm, komm spiel mit mir,
Ich zeige alle Weisen und Wege Dir.
Lass freien Lauf deinem Kind,
Ich bin der spielende Wind.

Ich tanze und singe und springe,
wirble Blätter wie bunte Ringe,
Fliege jauchzend durch wehendes Haar.
Ich lebe und kenn keine Gefahr!

Hör mich in jedem Baumstamm ächzen,
An jedem losen Dachsparren krächzen!
Vom Wachsen und Sprießen der Erde,
Vom Ändern der Zeiten
Vom Fallen der Blätter
Vom Rauschen der Weiten
Und Knallen der Wetter.
Sieh mich in farbigem Reigen
Ich will alle Schönheit dir zeigen.

Ich öffne dir die Brust,
Erhöhe deine Lust.
So kann ich dich hören,
Und lass mich betören,
Wenn *dein* Singen erklingt,
Weil *dein* Herz so beschwingt
Die ganze Welt durchdringt!
Lausche,
Wenn ich rausche,
Dann spricht dein großes Herz zu Dir!"

Reise

Während ich die Augen schließe
Tief in mir die Ruh' genieße,
Ist voller Klarheit und Bedacht
Die Weisheit meines Tiers erwacht.

Noch sitzt es dicht an meiner Seite
Und trägt im Blick die große Weite,
Die alles kennt und alles weiß.
Nun wird es feurig, wild und heiß,
Beginnt die Pfade zu begehen,
Die mir das Leben vorgesehen.
Geschmeidig, tänzelnd, schwingend,
Jede Hürde stolz bezwingend
Durchstreift es Dschungel und auch Steppe,
Vermeidet weder Land noch Städte –
Und ich vertau' des Tieres Gang.
Mein Geist, er reitet voll Gesang
Auf meinem Tier durch alle Welt,
Ragt auf und greift zum Sternenzelt.
Streift mit seinen langen Füssen
Zu klaren unterird'schen Flüssen.

Wir sind uns gegenseitig Wächter,
Und leben beiderlei Geschlechter,
Umarmen alles Sein,
Das uns geboren hat.
Wir tauchen tief hinein
Und werden niemals satt!

*Inspiriert von einem Bild, auf dem ein Leopard wachsamen Auges neben
einem Kind mit Blick nach innen sitzt. Siehe www.ashesandsnow.com*

Das Welten-Ich

In meinem Lauf bin ich die Welt
Und du, du bist in mich hineingestellt.
Du blickst in mich als deinen Spiegel,
Bin dir Geheimnis und auch Siegel.

Greifst du zu deiner Analysen-Schere,
Siehst du in mir das Fremde und die Leere,
Doch ich bin Lichtjahre zurück und vor,
Ich bringe alles und auch dich hervor.

Und blickst du ganz in deine Tiefe,
Als ob die Zukunft aus Vergang'nem riefe,
Dann warte still ein Weilchen,
Dann zeig' ich ganz dir mein Gesicht
Und nicht nur Welle oder Teilchen.

Ich warte darauf, dass du es wagst,
Und nicht deine mühselige Arbeit beklagst:
Vom Welten-Ich aus in die Welt zu schauen,
Das vor dir Schöpfer war
Und dich aus sich gebar,
Um durch deine Augen zu sehen
Durch deinen Körper zu sinnen
Was von Anfang an geschehen,
Um sich fort und fort zu spinnen.
Und dies in Ruhe und tiefstem Vertrauen.

Dies kann kein Neutrum schaffen,
Das sich selbst nicht kennt.
Auch nicht das beste Instrument,
Das dich vom Leben trennt.
Es kann nur Wiederholung raffen.

Doch wirst du selbst das Instrument,
Das nicht von allen Sinnen abgetrennt,
Dann bist du Welten-Ich und handelst,
Dann bist du einmalig und wandelst
Mit mir durch alle Reiche,
die waren und noch nie gewesen sind.
Die Hand, die ich dir reiche,
Sie kommt von dir, da wir ja einig sind.
Und wir entdecken das Geschehen,
was kein Mensch und auch kein Gott gesehen.

Komm, wachse, sinne, spiel mit mir!
Meine Liebe ist so groß zu Dir!
Ich sehne mich nach deinem liebevollen Blick.
Ihn spiegle ich dir andachtsvoll zurück
Und biete dir die Bilder der Erkenntnis dar.
So wirst du deiner selbst gewahr.

Zentrum der Galaxie (Sagittarius A)

86

Buba

Du singst die dunklen Lieder,
Sie entsteigen deinem Bauch
Und wärmen alle Glieder,
Geben Takt den Hüften, auch
Den Füßen, die die Erde stampfen,
Lassen auf der Haut den Schweiß verdampfen.

Aus dem Schoße keimt die große Kraft,
Die zitternd und vibrierend schafft
Den Klang, der zart und stöhnend aus der Tiefe quillt
Der nur durch Wachstum, Lust und Liebe wird gestillt.

Da singst du auch die hellen Lieder.
Sie tanzen um dein wild' Gefieder.
Sie glitzern wie Sterne am dunklen Himmel
Und tosen als wild schnaubende Schimmel.

So hör' ich dich singen im Felsengestein,
In Wäldern, Seen und Meeren.
So fühl ich dich, wenn ich bei dir liege,
Mich ganz in deine Rundung schmiege.
Und hör ich ganz tief in mich hinein,
Scheint es der eine Rhythmus zu sein:
Der Atem, das Glück zu vermehren.

Laurenz Hildebrandt

Laurenz Hildebrandt ist 1948 am Chiemsee geboren. Er ist Autor, Coach, Initiator und Veranstalter künstlerischer Events. Er war viele Jahre als Berater, Redakteur und Gestalter in der Industrie und im künstlerischen Bereich tätig.

Neben seinen drei bisher veröffentlichten Gedichtbänden hat er auch eine CD mit einer Auswahl seiner Gedichte produziert, die er pulsierend mit der Trommel vorträgt.

Neben seiner dichterischen Arbeit ist er mit ganzem Herzen Coach, Begleiter und Impulsgeber für andere Menschen, die eigene Wahrheit zu erfahren und zu leben.

www.worldart-events.de

laurenz.hildebrandt@t-online.de

Bildnachweis

Ich danke allen sehr herzlich, die mir die folgenden Bilder für diesen Gedichtband zur Verfügung gestellt haben:

Seite 6:   Petra Elsner: Kauzige Eulen. Kalenderdeckblatt
             © Petra Elsner
Seite 35:   Höhle auf Borneo: Bouquet de mains
             photo © Luc-Henri- Fage, www.Kalimanthrope.com
             Weitere herrliche Fotos über die Borneo-Expedition
             und andere Expeditionen siehe www.fage.fr
Seite 37:   Höhlenzeichnungen auf Borneo
             photo © Serge Caillault, www.Kalimanthrope.com

Weitere Veröffentlichungen von Laurenz Hildebrandt

Gesang des Wassers

(Gedichte 2008-2009)

Ruhe • Göttin • Wehen • Sinn • Zwei Veilchen • Berg • Gesang des Wassers •
An Nils Tannert • Antigone • Abend • Zwei Seelen • Das Pergament •
Deine,meine Augen • Meine Sinne • Nebelträume • Angelsword • Belle-de-nuit •
Das Meer • Heute Nacht • Meine Ohren weinen • An Dich Soraya • Ja •
Spiegelnder See • Das Werk der Liebe • Hosianna • Wir weben • Lawrence •
Lawrence II • Wo die Quelle eins ist mit dem Meer • Berges Stimme •
Handtaschen • Weihnachten • Das neue Jahr beginnt • Ich bin die Nacht •
Fühlend sinnt der Körper • An Dich • Ich halte Dich • Kirschblüten • Schwarze
Rosen • Heilige Pfeife • Liebe • Worte

In diesem Band sind die neuesten Gedichte vereint, die das Spiel der
Polaritäten und die darin wohnende Kraft und Liebe besingt. In den
Naturelementen, in Mann und Frau, Tag und Nacht, in Sichtbarem und
Unsichtbarem, im Schicksal klingt die Musik des Lebens – als eigene
Erfahrung und Empfindung, als Berührung und Berührtwerden. Hier ist
die Sprache der Rhythmus, der Inhalt die Melodie, in denen sich Zartheit
und Sturm, Weichheit und Härte, Heiterkeit und Tiefe begegnen.

92 Seiten, 9 farbige Abbildungen. BOD-Verlag, 12.- €
ISBN 978-3-8391-2162-7

Unter der Eiche
(Gedichte 2002-2004)

Unter der Eiche · *Das Leid-Lied* · *Mitte* · *Erde* · *Buche* · *Fels* · *Geliebter Stein* · *Vogel* · *Et in Arcadia Ego* · *Wer bin ich?* · *Im Wald* · *Nachtgesang* · *Anovaoo'oh* · *Waldauge* · *Weiße Blüte* · *Unschuld* · *Fallen* · *Im Rosengarten* · *Begegnung* · *Dornen* · *Nacht* · *Sommer der Vergangenheit* · *Liebe brennt* · *Rosen* · *Liebe brennt* · *Wandlung*

In den Gedichten aus dieser Zeit reflektiert sich der Autor im Wesen und den Elementen der Natur. Ein Weg, um das eigene Empfinden, das Wechselspiel von Enge und Weite zu begreifen, sich selbst in der Liebe zu erfahren. Naturerfahrung, Gedichte der Liebe, Gedichte aus Liebe, Einlassen auf sich selbst. Der Autor bewegt sich in seiner rhythmischen Sprache meist ohne Reime. Manchmal tauchen Reime auf, die wie ein zarter Wind durch Blätter streifen oder wie ein Sturm das Lebensfeuer weiter anheizen.

48 Seiten, BOD-Verlag, 8.- €. ISBN 978-3-8391-2670-7

Ausgewählte Gedichte
vom Autor pulsierend mit Trommel vorgetragen

CD mit 15 ausgewählten Gedichten

Worte · Wer bin ich? · Deine Augen, meine Augen · Meine Ohren weinen · Das Welten-Ich · Erde · Geliebter Stein · Berg · Gesang des Wassers · Belle-de-nuit (Wunderblume) · Abend · Geburtstag (Eulen) · Et in Arcadia Ego · Orphischer Anfang · Ödipus und die Sphinx.

Spieldauer ca. 74 min.

Zusätzlich auf der CD: Die 15 Gedichte als Gedichtband zum Ausdrucken mit farbigen Abbildungen (PDF-Datei). 20.- €

Erhältlich nur beim Autor: laurenz.hildebrandt@t-online.de

Lebensimpulse

Begleitung und Impulse in **Einzelsitzungen** und **Seminaren**, um die eigene Wahrheit zu leben, sich als ganz zu erleben.

Visions- und Projektfindung / Seine Vision leben

Für Paare oder Einzelpersonen: Konflikte, die von verborgenen Träumen sprechen – Verstrickungen lösen - Die innere Frau, den inneren Mann entdecken und leben - Von der Be-ziehung zur Liebe - Sich ganz leben und die Grenzenlosigkeit der Liebe erfahren...

Mythen und Märchen als Wegweiser: Vom Schicksal – Den Ruf (die Berufung) annehmen - Den Weg des Findens gehen ...

Atem-Meditation: Sich fühlen und ganz annehmen...

Energiemassage: Öffnen zu sich selbst – Sich selbst genießen...

Meine Arbeitsweise umfasst eine Vielzahl von Methoden, die u.a. aus der Bioenergetik, der Gestalttherapie, der Atemtherapie, Tanz und Klang der Seele, der Mythologie, der systemischen Aufstellung und anderen thera-peutischen und kulturellen Bereichen stammen oder aus der eigenen Arbeit entstanden sind. Ich setze sie da ein, wo sie gebraucht werden und begleite jeden Menschen auf seinem Weg, um seine Fähigkeiten zu entwickeln, seine Melodie entdecken, seinen Lebenssinn zu verwirklichen.

Laurenz.hildebrandt@t-online.de